Formas de Salvar su Matrimonio:

La Solución al Divorcio y a las Separaciones

Por

Joseph Correa

COPYRIGHT

© 2016 Finibi Inc

Todos los derechos reservados

La reproducción o traducción de cualquier parte de este trabajo, más allá de lo autorizado mediante la sección 107 o 108 de la Ley de Propiedad Intelectual de los Estados Unidos, sin el permiso del propietario de los derechos de autor, es ilegal.

Esta publicación está destinada a proporcionar información precisa y fiable en referencia a la temática cubierta. Ésta es comercializada bajo el entendimiento de que, ni el autor ni la editorial, pretenden brindar consejo matrimonial. Si usted requiere asesoría matrimonial, consulte con un especialista matrimonial en el campo, que pueda manejar asuntos específicos. Los consejeros matrimoniales, psicólogos y psiquiatras, son todas formas de asistencia. Este libro es considerado una guía y no debe ser utilizado de ninguna otra manera.

AGRADECIMIENTOS

Este libro está dedicado a mi esposa. Gracias por darme la inspiración para hace posible este libro.

Formas de Salvar su Matrimonio:

La Solución al Divorcio y a las Separaciones

Por

Joseph Correa

TABLA DE CONTENIDOS

Copyright

Agradecimientos

Introducción

Capítulo 1: Terapia Matrimonial Bien Hecha

Terapia: Puede salvar su matrimonio

Entendiendo las necesidades emocionales de su pareja

Trabajando juntos para salvar su matrimonio

Capítulo 2: Valorando la Comunicación

Comunicación constructiva

Estrategias de resolución de conflictos

Charla y acciones positivas

Perdonar y ser perdonado

Capítulo 3: Superando Problemas Matrimoniales

Recuperarse de una infidelidad

Manejando el estrés financiero

Analizando su ira

Creando armonía en su relación

Su relación y sus responsabilidades: encontrando el equilibrio

Lograr que las segundas oportunidades funcionen: recuperándose de relaciones pasadas

Eliminando la interferencia externa

Capítulo 4: Reconectándose con su Pareja

Reduzca la tensión

Reconstruir el respeto mutuo

La importancia de divertirse

Compartir metas y su visión para el futuro

Redescubriendo la intimidad

Construyendo un amor duradero

Capítulo 5: Pensamientos Adicionales acerca del Matrimonio

El matrimonio requiere esfuerzo constante

INTRODUCCIÓN:

Los problemas maritales son parte de la vida y la solución a esos problemas están siempre al alcance si usted pone el tiempo y esfuerzo. Descubrir qué se perdió o qué necesita arreglarse en la relación es clave para encontrar las herramientas adecuadas para resolver la situación.

Este libro le ayudará a enfrentar los problemas maritales comunes y a encontrar soluciones múltiples para guiarlo hacia donde desea estar.

Algunos de los contenidos de este libro incluyen:

Capítulo 1: Terapia Matrimonial Bien Hecha

Terapia: ¿Puede salvar su matrimonio?

Entendiendo las necesidades emocionales de su pareja

Trabajando juntos para salvar su matrimonio

Capítulo 2: Valorando la Comunicación

Comunicación constructiva

Estrategias de resolución de conflictos

Charla y acciones positivas

Perdonar y ser perdonado

Capítulo 3: Superando Problemas matrimoniales

Recuperarse de una infidelidad

Manejando el estrés financiero

Analizando su ira

Creando armonía en su relación

Su relación y sus responsabilidades: encontrando el equilibrio

Lograr que las segundas oportunidades funcionen: recuperándose de relaciones pasadas

Eliminando la interferencia externa

CAPÍTULO 1:

Terapia Matrimonial Bien Hecha

Terapia: ¿Puede salvar su matrimonio?

Cuando estamos sufriendo dolencias físicas, sabemos que necesitamos consultar un doctor. ¿Pero qué sucede si su relación con su cónyuge está sufriendo? ¿Puede la Terapia de parejas realmente ayudar a salvar su matrimonio?

De acuerdo a los investigadores, la terapia matrimonial tiene una tasa de éxito del 70-80%. Los expertos dicen que la terapia nos ayuda a ve nuestra relación más objetivamente, reconociendo cómo contribuimos con los problemas maritales que estamos experimentando. Considere qué pasaría si cada pareja, en lugar de intentar "arreglar" al otro, se enfocara en reducir sus propios hábitos y tendencias destruye-matrimonio.

Tener una perspectiva objetiva en el asunto profundamente subjetivo de los problemas maritales, o el fracaso matrimonial, puede aclarar viejos problemas y mostrar el camino hacia la resolución exitosa de los problemas y asuntos maritales.

¿Cuándo deben las parejas consultar un consejero?

Los investigadores han descubierto que los problemas principales que experimentan las parejas, son la pérdida de conexión y altos niveles de conflicto. Los consejeros concuerdan en que mientras más pronto se atiendan los problemas, mejor. En promedio, la mayoría de las parejas habrán experimentado problemas durante 6 años antes de considerar la terapia como una opción. Un tiempo de respuesta más rápido reduciría la cantidad de adaptación conductual que necesita superarse.

¿Cómo funciona?

La meta de la terapia no es presentar soluciones preconcebidas, sino equipar a la pareja con las herramientas que necesitan para superar sus problemas. El terapista entrevista a la pareja en conjunto y a veces, solicita entrevistas individuales, y luego da retroalimentación. Durante un programa de terapia, la parejas beben empezar a notar pequeños, pero significativos, cambios positivos en el día a día. La base de este éxito es el aprendizaje mutuo y el ajuste acerca de las perspectivas de cada uno.

Los consejeros profesionales no se parcializarán, respetarán a ambas parejas y lucharán por una atmósfera tranquila, en la cual cada participante tenga la oportunidad de hablar y ventilar sus puntos de vista.

En ocasiones, uno de los integrantes del matrimonio no desea asistir a la terapia de pareja, pero el otro aún puede beneficiarse de la terapia y, con el tiempo, persuadir a su cónyuge a unir esfuerzos para resolver los asuntos maritales mutuos a través de la terapia de pareja.

Objetivos de la Terapia de pareja:

- Determinar el impacto de factores externos en la relación.
- Determinar qué factores pasados impactan la relación presente.
- Mejorar la comunicación.
- Obtener un entendimiento de por qué las discusiones se intensifican.
- Negociar y resolver conflictos.

Siempre que la terapia de parejas sea embarcada con la intención mutua de resolver los problemas de la relación y fortalecer una relación, ésta puede ser muy útil en recuperar los matrimonios. El ambiente de la terapia, ofrece una atmósfera neutral para la reflexión y la discusión que permite a las parejas ser más objetivas en cuanto a los problemas que enfrentan, y facilita la resolución de problemas. Esta atmósfera es transferida al ambiente del hogar a través de tareas o asignaciones sugeridas por el consejero.

Solo usted y su pareja pueden salvar su matrimonio: pero un buen consejero puede ayudar

No existe una 'fórmula mágica' que pueda salvar un matrimonio, pero la terapia profesional puede, ciertamente, ayudar a las parejas a entenderse mejor el uno al otro y reconstruir sus relaciones. Si usted escoge esta opción, asegúrese de consultar un consejero de parejas con experiencia y prepárese para realizar u esfuerzo personal para mejorar su relación marital.

Comprendiendo las necesidades emocionales de su pareja

Permanecer juntos en matrimonio es un esfuerzo mutuo, y ese esfuerzo debe dirigirse a satisfacer las necesidades emocionales de su pareja. Si cada uno se esfuerza en satisfacer las necesidades emocionales del otro, el resultado es un matrimonio fuerte y feliz, en el cual ambos cónyuges se sienten seguros, cómodos y amados. Esto requiere un entendimiento mutuo y un esfuerzo consciente de parte de ambos, pero es una inversión en felicidad y por ende, vale la pena asumirlo.

Considere las siguientes necesidades:

1. La necesidad de afecto

A pesar de que esta no es, de ninguna manera, la única necesidad emocional en un matrimonio, es uno de los requerimientos principales para una relación feliz. Tanto hombres como mujeres necesitan sentirse amados por sus cónyuges. Abrazos, besos y palabras amables hacen grandes avances en crear una relación duradera y satisfactoria.

2. La necesidad de la realización sexual

En el matrimonio, cada uno de los cónyuges promete fidelidad sexual completa, sin embargo, uno de los cónyuges puede tener mayor necesidad por sexo que el otro, y si esto no es cubierto dentro del matrimonio puede resultar en frustración, conflicto y una alta posibilidad de infidelidad. Discutan abiertamente sus necesidades sexuales con el otro y determinen cómo cada cónyuge puede contribuir a incrementar la satisfacción sexual en la relación.

3. Conversación

La conversación significativa es esencial para una relación fuerte. Las discusiones en cuanto a los requerimientos domésticos, u otros asuntos cotidianos, no son significativas en este contexto. Aparte tiempo para discutir sus pensamientos, sentimientos y experiencias con su pareja y prepárese para escuchas, así como para hablar.

4. Diversión

Mantener un elemento de diversión y entretenimiento en una relación es importante. Asegúrese de que inviertan el tiempo en actividades que disfruten mutuamente, con frecuencia. Compartan intereses, pasatiempos y actividades con el otro.

5. Honestidad

Un matrimonio debe construirse sobre confianza, y para ser digno de confianza, cada cónyuge debe demostrar su confiabilidad. Sean honestos y abiertos el uno con el otro y no se involucren en actividades 'secretas'. Si no se siente cómodo revelando una actividad a su pareja, probablemente no debería involucrarse en ella.

6. Apoyo en el hogar

Ayudarse mutuamente en la casa y con las responsabilidades tales como la crianza de los hijos satisface una necesidad emocional importante. Acuerden la manera en que cada uno puede contribuir y prepárense para ir un poco más allá.

7. Apoyo Financiero

A pesar de que esto puede sonar como una necesidad práctica en lugar de una emocional, puede tener implicaciones emocionales severas en una relación, cuando no está presente. Las parejas deben negociar su contribución financiera al hogar, así como su contribución con los quehaceres domésticos.

8. Compromiso familiar

El matrimonio es la base de la unidad familiar. Cada cónyuge debe comprometerse con el lograr el bienestar dentro de la unidad familiar y el resto de la familia.

9. Respeto

A todos nos agrada sentirnos respetados e incluso admirados. Cuando el respeto y la admiración vienen de los más cercanos a nosotros, experimentamos afirmación y nos sentimos apreciados. Sin el respeto mutuo, cualquier matrimonio está condenado al fracaso, o al menos, a la infelicidad.

CAPÍTULO 2:

Valorando la Comunicación

Salvar su matrimonio con comunicación constructiva

La intimidad del matrimonio nos familiariza con los rasgos tanto negativos, como positives de nuestras parejas. Sabemos a qué cosas están sensibilizados y nuestra propia cautela social, las limitaciones de 'buenas costumbres', pueden ya no parecer aplicables. En muchos casos, esto resulta en una comunicación tóxica que se convierte en hábito, destruyendo las relaciones.

Cuando las 'bromas' se vuelven amargas

Para muchas parejas, lo que empezó como un poco de 'broma', pronto se convierte en una batalla andante – una guerra de críticas. En ocasiones, comentarios bien apuntados se utilizan para denigrar a su pareja. Lo que empieza como bromas de buena naturaleza, se convierte en un juego de poder en el que cada cónyuge trata de ganar la delantera. Genuinamente, comentarios hirientes son presentados como 'bromas' a expensa de la pareja. Esto puede resultar en una situación toma y dame y en el aislamiento de la pareja que se ha convertido en un oponente o competidor, en lugar de un aliado.

Modo de ataque

Luchar contra un problema genuino, es un asunto sensible. Muy a menudo, esto se hace en 'modo ataque' – un resultado de la frustración constante que estalla en un ataque devastador que apunta a la persona, en lugar del problema. Este método contraproducente de aumentar los problemas, causa que la pareja aumente sus defensas y ataque en un esfuerzo por defender su integridad. La discusión se intensifica y no se encuentra ninguna solución al problema que la desencadenó. En lugar de esto, cada cónyuge deja la discusión sintiéndose emocionalmente golpeado y aún más determinado a defender su punto de vista.

Revisitando al pasado

Ninguna relación existe sin algo de historia de errores pasados. Esto puede llevarnos a usar los errores o equivocaciones previos de nuestra pareja como un arma que nos da la instancia moral suprema – o eso creemos. Nosotros podemos decir "Tu siempre…." o "Tu nunca…" por citar ejemplos. Este tipo de comunicación seguramente causará que el destinatario eleve barreras defensivas. Y esto significa que no se llegará a ninguna solución.

Comunicación sin agresión

No existe relación sin asuntos o problemas que necesiten ser discutidos, pero esto debe hacerse con calma y sin violar la integridad de la pareja. Para mantenerse unidos como una pareja, la actitud competitiva debe eliminarse. La agresión verbal, los insultos o las acusaciones no forman parte de una discusión productiva. En lugar de resolver problemas y unir a las parejas, causan hostilidad y separan a la pareja. Las palabras deben ser utilizadas como herramientas, no como armas.

Consejos para una comunicación productiva en el matrimonio

- No sean competitivos y no se disminuyan entre sí.
- Hablen de cómo se sienten acerca de un problema y eviten la culpa.
- Escuchen cuidadosamente la perspectiva de su pareja e intente entenderla. No la interrumpa.
- Si no está seguro de qué significan, pregunte.
- Sea amable. No busque puntos débiles o sensibilidades que explotar.
- Reconozca los sentimientos de su pareja, así como los suyos propios.
- Recuerden que están en esto juntos. Ustedes son sus propios aliados. Su pareja no es su 'enemigo'.
- Prepárese para ceder. Usted no tiene que 'ganar'.

- Escuche su tono de voz. Un tono agresivo pondrá a su pareja a la defensiva.
- No hable en medio de la ira. Dirá algo que deseará no haber dicho. Pida un tiempo si se está convirtiendo en demasiado para usted.

Para mantener una comunicación abierta y efectiva, es esencial que su pareja no se sienta como si está bajo ataque, que la está juzgando o tratándola con indiferencia. Una vez que la comunicación se convierte en una violación percibida, rompe en lugar de construir la relación.

Estrategias de resolución de conflictos: Juego limpio en las discusiones maritales

Ningún matrimonio existe sin conflictos, pero el conflicto, cuando es manejado injustamente, puede convertir al hogar en un campo de batalla y agriar la relación. Expertos en comunicación y psicólogos acuerdan que a menos que se cumplan ciertas reglas, el conflicto puede destruir relaciones.

Considere la razón para el conflicto

Los conflictos solo deben abordarse si se están buscando las soluciones. En algunos casos, el conflicto está relacionado con la necesidad de ganar poder sobre la pareja, buscando venganza, 'estar a mano' o competitividad. Estos conflictos son improductivos y rompen en lugar de construir relaciones. Las parejas en relaciones en conflicto, necesitan considerar los verdaderos motives para los conflictos que enfrentan, idealmente, con la ayuda de un consejero.

Cuando necesiten discutir, jueguen limpio

No hay dudas en que las parejas pueden experimentar problemas y desacuerdos, que pueden resultar en conversaciones potencialmente incómodas. Guardarse los problemas para uno mismo sólo los exacerba. En una relación unida, como un matrimonio, ser capaz de expresar nuestros pensamientos y sentimientos es necesario para una relación saludable – aún cuando sabe que su cónyuge preferiría no escuchar lo que usted tiene que decir.

1. Manejen las situaciones calmadamente

Aunque uno puede sentirse sensible respecto al tema en discusión, mantener su discusión en calma y racional es esencial para prevenir una ruptura en la Comunicación.

2. Nunca discutan en público

Discutir en público, o peor, en presencia de los niños, familiares o amigos, seguramente causará vergüenza a su cónyuge. Ya que la intención de una discusión debería ser el deseo de explorar juntos las soluciones a un problema, empezar causando una 'escena' lo evitará desde el principio.

3. Quédense en lo relevante

Muy seguido, los cónyuges utilizan las discusiones como una plataforma para ventilar cada queja o desaire percibido en el pasado. Ustedes pueden estar discutiendo, pero existe una razón específica para su desacuerdo. Manténganse en lo actual y relevante, para así crear una atmósfera conducente a encontrar una solución.

4. Eviten los insultos y acusaciones

Con el objeto de solucionar los problemas como un equipo, es esencial que ambos no sientan como si están bajo un ataque personal. Los insultos y las acusaciones crean barreras en la comunicación efectiva y la resolución de los problemas.

5. Tengan una solución o meta en mente

Muchas de las discusiones entre parejas son completamente sin sentido. Para determinar si las discusiones tiene suficiente validez para que valga la pena continuarlas, definan si existe algún resultado significativo que pueda lograrse. Discutir por discutir sólo separa más a las parejas.

6. Permita a su pareja guardar apariencias

Saber cuando su pareja está intentando hacer las paces o disculparse es importante. Continuar una discusión después de haber recibido una disculpa o concesión, puede ser tentador, pero no permite una conclusión.

7. Las discusiones deben ser temporales

En un matrimonio sólido, las discusiones deben ser poco frecuentes y pasar rápidamente. Si una discusión persiste debido a asuntos sin resolver, sería lo más sabio considerar hacer uso de un mediador, como un consejero matrimonial, para resolver el problema de modo que pueda ser superado.

Estudio: La charla positiva y las acciones de afirmación pueden salvar matrimonios

Hay muchos mitos que rodean la disolución de un matrimonio y las causas para el divorcio. Por ejemplo, muchas personas creen que la infidelidad es la principal causa de los problemas de una relación, pero los estudios muestran que la infidelidad fue citada sólo por el 20-25% de los consejeros matrimoniales como la razón para el colapso matrimonial. De acuerdo a los estudios, el 80%

de los rompimientos matrimoniales son causados por el deterioro de la intimidad.

Conflicto y pérdida de la conexión

Los matrimonios pueden fracasar en cualquier momento, pero fracasan más comúnmente después de 5 – 7 años debido al conflicto, mientras que de 10-12 años es el período más peligroso para la pérdida de intimidad. Por esto, las parejas casadas necesitan implementar estrategias para tratar con el conflicto, así como encontrar maneras de incrementar la intimidad y reforzar su conexión personal con el otro. En este artículo, examinaremos la charla positiva como un medio para reforzar la intimidad.

Charla positiva vs negativa

Ninguna pareja será siempre 'perfecta' y los estresores generales de la vida diaria pueden provocar que las parejas sucumban con más facilidad a la irritabilidad, la crítica o mostrar desdén por su pareja. Los analistas creen que las parejas felices tendrán cinco interacciones positivas por cada interacción negativa, pero después de una cantidad de años juntos, muchos matrimonios fallan en reconocer las características positivas que observan en su pareja. Una vez que existe una atmósfera de hostilidad o aislamiento, puede ser más difícil que las parejas reconozcan los rasgos positivos que les atrajeron inicialmente de su cónyuge.

Los investigadores sugieren que la clave es el reconocimiento de las cualidades tanto positivas como negativas, mientras guardan a su pareja en alta estima y afirman su valor. Ellos distinguen el 'Amor Compasivo', en el cual este equilibrio es logrado, y el irreal 'Amor Romántico', en el cual la pareja es glorificada como 'perfecta' y las fallas o debilidades no son reconocidos.

Reconociendo lo positivo

Las parejas que desean superar problemas en la relación, deben tomarse el tiempo de meditar acerca de su relación. Para este ejercicio, los consejeros sugieren que los esposos creen una lista de cosas positivas y negativas, intentando asegurar en todo momento, que la lista de lo positivo sea más larga y cuidadosamente completada, que la lista de lo negativo. La afirmación afectiva es esencial para una relación marital feliz. En términos simples, esto implica encontrar maneras de demostrar a su pareja que es especial, que la valora y no la da por sentado.

La afirmación puede brindarse a través de palabras o acciones. Las afirmaciones positivas reconocerán las cualidades positivas que ve en su pareja y las emociones positivas con las que la relaciona. Las acciones positivas pueden ser tan sencillas como preparar el café en la mañana y servirlo con una sonrisa, intercambiar pequeños regalos, o simplemente dar un abrazo a su pareja. Algunos psicólogos creen que los hombres pueden necesitar más afirmación que las mujeres, pues las mujeres generalmente mantienen relaciones más cercanas con la familia y amistades.

Ser consistente

Puede ser tentador colmar de halagos a la pareja y luego disminuir las interacciones positivas. Mantener un flujo constante de interacciones y afirmaciones positivas es esencial para una relación feliz. Enfocándose en lo positivo, las parejas pueden esforzarse por la tasa ideal de 1:20 o más interacciones negativas por positivas. Las interacciones negativas aún ocurrirán de vez en cuando, pero en general, ambos cónyuges sentirán que están tratando con un aliado que los ama, en lugar de un oponente que los menosprecia.

Perdonar y ser perdonado

El amor y el matrimonio están llenos de dificultades. Siendo humanos, simplemente no podemos ser perfectos. En algún momento u otro, su cónyuge puede hacer algo que realmente lo lastime. De la misma manera, usted también podrá lastimar a su cónyuge en ciertas ocasiones.

Atarse a los rencores, la rabia y dolor, destruye las relaciones. Las discusiones maritales pueden convertirse en largas letanías de los desaires reales y percibidos en el pasado. El rencor fácilmente aparece como 'arma' y las cosas que lo hieren se convierten en herramientas con las que lastimará a su cónyuge. Ser capaces de perdonarse el uno al otro es importante para su felicidad y la habilidad de trabajar juntos como una pareja, pero el perdón no solo sucede. Usted debe atravesar un proceso consciente de perdón.

Hablen sobre eso

Es vital que discutamos las cosas que nos lastiman. Su pareja puede incluso no darse cuenta de su comportamiento hiriente. Lanzarse a una discusión en el calor del momento puede provocar una reacción hostil o defensiva. Acuerden anticipadamente, un momento para discutir lo que sucedió. Esto le da la oportunidad de 'enfriarse' y prepara a su pareja para una discusión seria.

Utilice 'Yo' no 'Tu'

Al final, su dolor es acerca de sus sentimientos respecto a un comportamiento, en lugar del comportamiento en sí. Su pareja puede no entender por qué usted está tan dolido por lo que hizo, dijo u olvidó hacer o decir. Sin embargo, sus sentimientos son lo que importa y, entendiendo cómo usted se siente, su pareja entenderá más fácilmente que desencadenó el dolor, y ser capaz de evitar repetir el comportamiento en el futuro. Decir a alguien lo mala persona que es no los unirá más, pero expresar sus sentimientos promueve el entendimiento.

Olvídese de olvidar

El perdón no conlleva amnesia, pero si usted perdona o es perdonado, la situación debe ser dejada atrás. El perdón no es acerca de olvidar, se trata de dejar ir. Esto significa que usted no debe mencionar el asunto otra vez. Cuando discutan una situación que lo lastima, evite desempolvar dolores pasados o incidentes relacionados del pasado y concéntrese en el asunto actual.

Libérese de la rabia

Usted tiene el derecho de enojarse así como a cualquier otra emoción, pero albergar rabia destruye las relaciones. Cuando usted perdona verdaderamente, se está liberando de la rabia, amargura y el resentimiento. Esto no sólo es bueno para su relación, es bueno para usted y su salud mental y física.

Mantenga la perspectiva

Recuerde sus prioridades. Al dar y recibir críticas acerca de situaciones dolorosas, su prioridad debe ser preservar la conexión entre usted y su cónyuge. El objeto de discutir las situaciones dolorosas es ayudar a su cónyuge a conocerle mejor. No se trata de 'ganar', se trata de lograr un mayor entendimiento del otro, de modo que puedan ser más unidos como pareja.

Cuando usted es el que necesita ser perdonado

Usted puede no entender, o incluso querer creer que ha herido a su pareja de laguna manera, pero es esencial que usted determine que ocasionó que se sintiera dolida u ofendida. Esto le ayudará a conocer qué debe hacer diferente en el futuro y qué situaciones debe cuidar. Incluso si usted no tuvo la intención de lastimar a su pareja, debe reconocer y aceptar que lo hizo. Discúlpese sinceramente y sugiera maneras en las que hubiese podido abordar la situación en cuestión de manera más constructiva, para determinar cómo debe comportarse en circunstancias similares en el futuro.

CAPÍTULO 3:

Superando los problemas matrimoniales

Recuperarse de una infidelidad: cómo salvar su matrimonio

Las infidelidades no son necesariamente el fin de un matrimonio, pero no hay duda de que ponen un estrés tremendo en la relación de matrimonio. Los primeros pasos en terminar una infidelidad deben incluir una confesión al cónyuge y un compromiso honesto de romper todo contacto con el interés extra-marital. Sin embargo, tomar estos dos pasos no necesariamente asegura que la relación se recuperará.

En muchos casos, quienes se involucran en una infidelidad pueden no estar arrepentidos. Puede sentir que su cónyuge estaba fallando de alguna manera y ver esto como una justificación para la infidelidad. En estos casos, ninguno de los cónyuges asume responsabilidad por la ruptura en su relación y ninguno siente de su incumbencia dar los pasos para recuperar la relación.

Concéntrese en las necesidades de su cónyuge

Independientemente de cuál cónyuge es culpable de una infidelidad, la relación necesita ayuda. Finalmente, combatimos lo negativo introduciendo lo positivo. Asumiendo que ambos cónyuges desean salvar su matrimonio, un enfoque mutuo en las necesidades de la pareja y su satisfacción, es la única forma de reconstruir la relación.

A pesar de que es fácil tomar un punto de vista blanco-o-negro de que el cónyuge infiel es responsable por la amenaza a la relación, ambos cónyuges deben reconocer sus contribuciones a la infidelidad. Por ejemplo, un cónyuge infiel puede citar la falta de atención a las necesidades emocionales y físicas de parte de su cónyuge, como una causa para la infidelidad, y esto debe ser reconocido como una falta genuina y tratarse. El primer paso en la reconstrucción de un matrimonio luego de una infidelidad, es la disculpa mutua y el reconocimiento, tanto de la falta (infidelidad), como de las motivaciones que contribuyeron, producto del manejo de la relación de parte de 'la parte inocente'.

Eliminar la rabia, el irrespeto y las exigencias

Ninguna relación puede recuperarse mientras estos tres elementos existan. Las parejas que desean recuperar sus matrimonios después de una infidelidad, primero tendrán que manejar su rabia, aprender a respetar a su pareja nuevamente y concentrarse en dar en lugar de quitar. Ambos cónyuges tendrán que comprometerse conscientemente a protegerse el uno al otro del dolor, considerando los sentimientos de la pareja en el proceso de reconstruir el matrimonio.

Entender y respetar la perspectiva de su cónyuge

Este puede ser un proceso extremadamente difícil, pero con el objeto de reconstruir una relación unificada, es absolutamente importante. Una reconciliación superficial puede darse, pero si la causa de la infidelidad no es tratada, existe la posibilidad de recurrencia.

Crear una lista de posibles soluciones

A pesar de que la infidelidad real puede parecer el principal problema, no hubiese ocurrido si el matrimonio hubiese estado perfectamente sano en principio. Registren todas las posibles soluciones y no las descarten por completo.

Decidan qué debe hacerse

En conjunto, la pareja debe considerar las posibles soluciones y con cuáles se sienten más positivos. Una decisión conjunta en la cual las estrategias a adoptar deben realizarse. Si no se encuentran soluciones que generen entusiasmo mutuo, debe meditarse más concienzudamente el problema.

Pasen tiempo juntos y sigan trabajando en su relación

Reconstruir una relación requiere más que buenas intenciones. Las parejas en esta situación tendrán que invertir esfuerzos en satisfacer las necesidades emocionales de su cónyuge, reconstruyendo el amor y la confianza, y fortaleciendo su unión.

Manejando el estrés financiero en el matrimonio

Cuando las parejas se lanzan y marchan al altar, los asuntos de dinero parecen ser la última cosa que puede afectar su relación. Ellos pueden (y deben) haber pensado algo sobre los detalles prácticos, pero raramente ven los asuntos de dinero como algo que puede amenazar su relación. Pero los problemas y asuntos financieros han acabado matrimonios. Primero veremos por qué esto ocurre, y luego examinaremos algunas soluciones.

Qué dispara el problema?

1. Materialismo: valorar las posesiones o matrimonio por encima de la relación

Un estudio reciente de la Universidad de William Patterson descubrió que si las parejas en una relación fueron altamente materialistas, su relación sufrió. Si un cónyuge es materialista, esto puede crear tensión en su pareja, quien siente que está siendo utilizado como una fuente financiera y no tiene otro valor para el cónyuge. Tener lo 'mejor' de todo no le hará feliz, pero tener un matrimonio sólido si lo hará.

2. Gastos 'Tontos' o frugalidad excesiva

Esta es, a menudo, una percepción traída por diferentes valores. Ella puede resentir sus gastos en juguetes tecnológicos. Él puede sentir que su afición por zapatos de diseñador es excesivo. De cualquier manera, cuando los hábitos de gastos de un cónyuge son percibidos por la pareja como 'tontos' y resultan en problemas financieros, esto con frecuencia termina en divorcio. De hecho, un estudio demostró que el 45% de las parejas en la cual uno de los cónyuges sintió que los hábitos de gasto de su pareja eran excesivos e innecesarios, terminó en divorcio. Al mismo tiempo, la frugalidad excesiva puede también causar problemas. Reprender al cónyuge porque pudo haber comprado el mercado por unos dólares menos en una tienda distinta, o porque debió buscar más, es un ejemplo de frugalidad excesiva.

3. Quién se encarga del manejo financiero en el hogar

La mayoría de las parejas encuentran que uno de los cónyuges es mejor que el otro en el manejo de las finanzas familiares. Tiene sentido permitir a este cónyuge administrar el dinero destinado a los gastos comunes. Al mismo tiempo, también es importante comunicarse apropiadamente y consultar al otro las decisiones financieras importantes que puedan impactar la vida en el hogar. Si esto no ocurre, surgen conflictos maritales.

4. No tener un plan

Incluso cuando ambos cónyuges se involucran en el presupuesto familiar, unas pequeñas decisiones incautas pueden resultar en facturas no pagadas y estrés financiero. Algunas parejas fallan en su presupuesto, y sólo se dan cuenta de que están en problemas cuando se encuentran a sí mismos incapaces de cubrir los costos. En ocasiones de estrés financiero, las acusaciones, amargura y rabia pueden fácilmente invadir sus cabezas.

Cuando los asuntos financieros impactan su matrimonio:

Es vital recordar que ambos necesitan trabajar juntos como un equipo para superar este reto. Pelear por esto no los sacará del problema.

- Recuérdense que su matrimonio y su pareja son más importantes para ustedes que el dinero o posesiones. Si esto no es estrictamente verdadero para ustedes, evalúen su sistema de valores de forma crítica.

- Cuando sea posible, eviten las deudas y los gastos en crédito. Si usted decide asumir una deuda, consulte a su pareja, aún cuando usted será el único responsable del pago. Si la deuda ya está impactando su matrimonio, consulte un asesor financiero para ver si usted puede consolidar su deuda o diferir los pagos. Discutan cómo ustedes, como una pareja, pueden evitar esta situación en el futuro sin culpar a su pareja.

- Tomen juntos las decisiones financieras y conozca, anticipadamente, cuáles serán sus planes para cosas como pagos de hipoteca, etc. Presupuesten cuidadosamente. Si es posible, mantengan un pequeño 'fondo de emergencia' para los momentos difíciles.

- Compartan las responsabilidades financieras de su familia. Un cónyuge puede ganar más y contribuir más que el otro, en términos reales, pero ambos deben contribuir equitativamente en el grado de esfuerzo y proporcionar contribución financiera al hogar.

- Encuentren maneras de ahorrar dinero juntos y discutan las reglas para los gastos individuales, incluyendo los lujos.

Analice su rabia

La rabia es común en las relaciones matrimoniales

A medida que aumentan las presiones del trabajo, finanzas y la crianza de los niños, las parejas pueden descubrir que evolucionan de estar locamente enamorados a sólo estar locos. Trabajar estos asuntos requiere una inversión de tiempo y una cantidad considerable de energía emocional. Como resultado, las parejas sobrecargadas a menudo, dejan sus asuntos enconarse, viviendo con rabia constante y resentimiento que estalla en la forma de peleas y discusiones improductivas.

Una explosión de rabia puede aliviar sus sentimientos temporalmente, pero es finalmente contraproducente. La rabia puede ser una cuestión muy temible para la persona en el lado receptor, y dado que el detonante para la rabia acumulada puede ser trivial, el cónyuge se siente sorprendido y aislado. Andan sigilosamente cerca de su pareja, volviéndose extra cautelosos y reservados, o incluso la evitan tanto como sea posible. La pareja empieza a separarse, su vida sexual sufre y el resultado final podría ser el divorcio – a menos que se tomen acciones positivas.

La rabia y el resentimiento son también perjudiciales para los niños. Los padres se vuelven irritables y la atmósfera del hogar se envenena con trasfondos de resentimiento, batallas andantes, miradas despectivas y comentarios sarcásticos. La superación de su rabia debe lograrse en pareja, y todos en la familia se beneficiarán.

Analizando y manejando la rabia

El primer paso es la superación de la rabia: Tome una decisión consciente de manejarla y sus causas reales. Si usted atesora su rabia, como si fuera una posesión preciada, nunca será capaz de manejarla constructivamente con su pareja. Asistan a terapia si encuentran difícil la idea de liberarse y resolver la rabia y el resentimiento.

Descubra sus puntos detonantes: Qué lo hace irritable? Puede ni siquiera ser algo con lo que su pareja no lo pueda ayudar. Algunas veces, descargamos nuestras frustraciones en otros, aún cuando ellos no contribuyen a ellas. Por ejemplo, un estresante viaje al trabajo en hora pico, puede irritarlo tanto como para enojarse genuinamente por asuntos triviales que, en otro contexto, no valdría la pena mencionar. Piense acerca de cómo puede reducir estas situaciones estresantes. En el ejemplo anterior, se podría considerar viajar al trabajo en transporte público, o salir un poco más temprano para evitar el tráfico.

Ahora considere los comportamientos de su cónyuge. Qué le causa rabia? Cómo contribuye usted con ese comportamiento? Por ejemplo, si usted es una persona extremamente decisiva, su pareja puede delegarle a usted y usted puede enojarse con ella por no participar en las decisiones. En este ejemplo, ambos cónyuges contribuyen con la dinámica perjudicial.

Revisite la introducción a este e-book y estudie la parte sobre necesidades emocionales. Siente usted que su cónyuge está descuidando sus necesidades emocionales? Cuáles? En el matrimonio, las necesidades prácticas, como el apoyo financiero y doméstico, también se convierten en necesidades emocionales. Una vez más, considere su situación objetivamente. El síntoma externo (descuido de una necesidad emocional) puede resultar o agravarse por algo que usted hace habitualmente.

Hablen sobre eso

Pero recuerden no hacerlo cuando se están sintiendo realmente molestos. Sonará irracional, podrá decir cosas que realmente no siente, o decirlas en una manera destinada a lastimar. Esperen a que puedan discutir sus asuntos calmada, respetuosa y cortésmente – y deje saber a su cónyuge que la discusión va a suceder y cuándo sucederá. Con su cónyuge, busque soluciones prácticas a los problemas reales que han estado causando la rabia y el resentimiento entre ustedes. Esto puede ayudarles a recordarse a sí mismos las cualidades positivas del otro antes de empezar! Si usted y su cónyuge sufren para solucionar los problemas, consideren visitar a un consejero que pueda actuar como un mediador imparcial.

Implementen las soluciones

Recuerden que sus soluciones requerirán un esfuerzo para ambos cónyuges. El cónyuge 'enojado' debe minimizar su contribución al comportamiento 'molesto' y la pareja debe hacer un esfuerzo honesto. Si esto se hace, resístanse a la necesidad de criticar sus esfuerzos si no se realizaron en la misma forma en que usted lo hubiese hecho. Reconozca que lo está intentando y agradézcale sinceramente. Si tienen que recordar a su pareja lo que acordaron, resístase a la necesidad de hacerlo de forma agresiva. Sea cortés y muestre respeto.

Pasen tiempo juntos

Pasar tiempo juntos mantiene a las parejas unidas y más capacitadas para manejar los problemas cuando surgen. Lea el capítulo acerca de la importancia de la diversión en el matrimonio para ver cómo divertirse juntos ayuda a fortalecer su matrimonio y comprométanse a una 'cita' semanal.

Crear armonía en su relación

Las personas comprometidas en relaciones aplican varias formas de interacción. Algunas parecen estar debatiendo y discutiendo constantemente, otras aparentan estar retirados y distantes del otro aunque mantienen la cordialidad, y aún algunos parecen capaces de permanecer cálidos y amorosos después de muchos años de matrimonio. Es posible ser como ellos?

Usted probablemente ha observado a otras parejas que parecen estar en conflicto continuo. Pelean, discuten y se avergüenzan el uno al otro. De acuerdo a estudios, aquellos de nosotros que crecemos en hogares donde este tipo de interacción es la norma, estamos más propensos a llevarlo a nuestras propias vidas matrimoniales. Si su relación está plagada de conflictos, quiere usted realmente que sus hijos crean que es así como debe ser el matrimonio? No le gustaría cambiar la situación por su propio bien, por el bien de sus hijos y de su matrimonio?

Tener una discusión ocasional no es necesariamente malo para su matrimonio, pero si se vuelve habitual, puede resultar en actitud defensiva, abandono y terquedad. El problema con estos tres es que no contribuyen con la resolución de los problemas.

¿Cuál es su principal enfoque en el matrimonio?

Todas estas fuentes de discordia pueden ser rastreadas hasta el interés propio. Los consejeros matrimoniales acuerdan que, poner primero los sentimientos de su pareja, es la clave para la armonía del matrimonio. Obviamente, sus propias necesidades también son importantes. Nadie debe convertirse en mártir, pero tomar como una prioridad las necesidades, deseos y bienestar de su pareja, puede hacerlos más felices a ambos – especialmente si amos se comprometen a hacer esto. Sin embargo, la magia de ser considerado, es que promueve la consideración recíproca en el cónyuge. Ame y sea amado. Sea considerado y obtenga consideración.

Creen armonía como un equipo

Cuando nos enfocamos en nuestros propios deseos como una consideración principal, nos estamos excluyendo del equipo de dos que conforman un matrimonio. El resultado es la discordia. Por otra parte, la consideración mutua construye su 'equipo'. Debido a que se apoyan el uno al otro, se adopta la armonía. Noten que esta es una vía en dos sentidos. Explore, respete y luche por satisfacer las necesidades de su pareja. Luego, haga lo mismo con el objeto de determinar qué es lo que más necesita y requiere de su pareja. En este sentido, puede entrar en una fase de transición de compromiso y negociación que resultará en una relación armoniosa, solidaria y feliz, en la que cada cónyuge da y cada pareja recibe, de acuerdo a sus necesidades.

- Rechace conscientemente la creencia de que la discordia continua o regular, es una condición natural de las parejas casadas.

- Entienda que las discusiones acaloradas y la discordia continua resultarán en distanciamiento emocional.

- Resuelvan demostrarse consideración mutua, exploren las necesidades de cada uno, den y reciban amabilidad.

Si su relación ha estado caracterizada por el conflicto y distanciamiento emocional en el pasado, primero deberá resolver sus asuntos y reconectarse. Lea el capítulo acerca de reconectarse con su ser amado, así como el capítulo sobre comunicación para encontrar consejos útiles sobre cómo hacerlo.

Su relación y sus responsabilidades: encontrando el equilibrio

La vida moderna es una muy ocupada. En la mayoría de los matrimonios, ambos cónyuges trabajan - y estos días – el límite entre la vida en el lugar de trabajo y la vida en el hogar es borroso. Las personas con carreras exigentes a menudo terminan trabajando desde la casa, hasta tarde en la noche, leyendo sus correos electrónicos cuando se levantan en la mañana, o en la mesa familiar, o haciendo algunas tareas del trabajo desde casa.

En la casa, hay niños que cuidar, quehaceres por realizar y comidas por preparar. Con un horario tan complicado, nos podemos hacer preguntas sobre el hecho de que tantas parejas parecen 'ir separándose' o terminan 'viviendo separados' del otro ¿Cómo podemos equilibrar nuestras carreras, responsabilidades familiares y las relaciones personales con nuestro cónyuge?

¿Cuáles son sus prioridades?

Enfrentemos los hechos: lo que consideramos lo más importante, es lo que más atendemos. Las cosas que consideramos 'menos importantes' sufren. ¿Pero debemos realmente ser superhombre y supermujer? No tenemos que ser brillantes en absolutamente todo, y podemos ser grandiosos en lo que priorizamos. Sea honesto consigo mismo: ¿qué es más importante para usted, su matrimonio, los quehaceres del hogar o su carrera? Muchos de nosotros dirán que son nuestras carreras lo que más importa. ¿Pero es esto verdad? Una vida familiar feliz y una relación amorosa con su pareja no le traerían mucha más satisfacción y felicidad, que una palmada en la espalda de su jefe. Usted puede hacerlo bien en el trabajo, pero deberá manejar su tiempo cuidadosamente.

En el trabajo:

- Planifique su tiempo, de modo que pueda atender sus tareas más importantes. Si está en una posición en la que pueda delegar las tareas menos importantes, hágalo.

- Aprenda a decir 'no'. Usted ha escuchado esto miles de veces, pero lo hace? Si se le solicita hacer algo cuando su horario ya está lleno, puede pedir diplomáticamente a su supervisor, mover algunas fechas límite o que indique prioridades, de modo de ajustar su trabajo en la jornada laboral.

- Si su vida en el hogar ha estado sufriendo como resultado del trabajo constante, aún cuando usted está teóricamente libre, sea honesto con su supervisor acerca de la situación, y pídale que entienda que ha estado trabajando más allá de su capacidad, y debe atender su vida en el hogar más diligentemente.

- Si usted trabaja por su cuenta, se hace un poco más difícil. Busque subcontratar tareas simples a un trabajador a medio tiempo, trabajador a destajo, freelancer o contratista. Usted descubrirá que tiene más tiempo para trabajar en las tareas más rentables en un día de trabajo normal, e incluso podría aumentar las ganancias de su negocio.

En casa:

- Aparte tiempo no negociable para atender los deberes del hogar y las necesidades de sus hijos, y aparte ese tan importante tiempo para esta a solas con su pareja. Discuta su horario propuesto con su cónyuge y pídale sugerencias. Planificar y organizar el tiempo con su pareja y familia puede parecer frío, pero si no lo hace, puede darse cuenta de que no sucede en lo absoluto.

- No traiga trabajo a la mesa. Tenga una comida familiar apropiada, sentado en la mesa con el TV apagado. La hora de comida es una oportunidad maravillosa de acercarse como familia. Los celulares, laptops y otras distracciones, no pertenecen en la mesa de comer.

- Discuta la división de los quehaceres del hogar con su pareja. Si ambos trabajan duro en sus carreras, los quehaceres y los deberes de crianza deben ser divididos equitativa y justamente. No hacerlo, puede resultar en resentimiento y discusiones futuras.

- Si usted prevé un período en el que tendrá que dedicar horas extra para progresar en su carrera, discútalo con su esposo o esposa. Determinen el impacto que esto tendrá en la vida familiar, qué ajustes serán necesarios en las responsabilidades acordadas, y fijar un tiempo límite para esta alteración. El trabajo es importante, pero su familia y cónyuge lo son aún más.

- Acuerde un tiempo libre de la rutina diaria con su pareja. Ambos necesitan tiempo para relajarse y compartir el disfrute fuera de sus muchas responsabilidades. (vea el capítulo sobre la importancia de la diversión)

Haciendo que las segundas oportunidades funcionen: recuperándose de relaciones pasadas

Si usted ya se ha divorciado antes, es viudo o viuda, o se está casando con alguien más después del fracaso de una relación seria previa, tendrá que pensar cuidadosamente acerca de cómo logrará que su segundo matrimonio o relación seria funcione. Traer el equipaje de una relación pasada a una nueva, puede meterlo en serios problemas en la relación, que podrían terminar en divorcio o distanciamiento emocional. Los psicólogos, consejeros matrimoniales y aquellos que han superado las dificultades de una segunda relación seria, acuerdan que hay algunos pasos que puede tomar para asegurarse de hacerlo bien en esta oportunidad.

Primero y principal: resuelvan que lograrán que su matrimonio funcionará, sin importar lo que se requiera. Una vez que haga este compromiso consigo mismo, está listo para el siguiente paso:

Su viejo amor no es parte de su nueva relación

Sea que usted haya enviudado o se haya divorciado, hay una cosa importante que necesita entender: Usted nunca debe comparar su nuevo cónyuge con el perdido o ex-amado. Simplemente no es justo y puede arruinar sus oportunidades de tener una relación feliz.

Entienda que es una tendencia natural, ver a su difunto amado (y a veces incluso a sus ex-amantes) a través de lentes color de rosa y que su nueva pareja tiene su propio conjunto de cualidades positivas, por las que la ama y respeta. Deje de sentir culpa por escoger una nueva pareja. Es natural buscar un nuevo compañero cuando ha quedado viviendo solo – pero asegúrese de que ha procesado muy bien su duelo y busque ayuda si este no es el caso. Este último punto es también válido para aquellos que han atravesado un divorcio – siempre hay duelo en el fin de una relación.

Si aún alberga amargura hacia su pareja anterior, no permita que esto manche su relación presente. Está empezando de nuevo y, a pesar de que no puede olvidar su pasado, no debe permitir que influencie sus actitudes hacia su segundo intento en las nupcias – a menos que esa influencia sea la solución para hacerlo bien esta vez!

¿Qué salió mal en su relación pasada?

Si estuvo en una relación que fracasó, determinar qué salió mal es un proceso difícil, y usted estaría abriendo algunas viejas heridas. Un estudio descubrió que los cónyuges divorciados anteriormente, y que sus segundos matrimonios fueron más duraderos que el primero, tenían características significativas en común: **ellos aceptaron parte de la culpa por la ruptura de su relación previa.**

Se necesitan dos para hacer un matrimonio y, en la mayoría de los casos, también se necesitan dos para crear los problemas matrimoniales. Es importante discutir esto con su pareja. Mantenerlo en secreto causará culpa y su pareja puede temer, o sentirse celosa, por su relación o relaciones previas si usted no toma este importante paso. Por esto mismo, su pareja debe estar dispuesta a abrirse acerca de relaciones pasadas y por qué se estropearon. Juntos, pueden decidir intentar un enfoque distinto esta vez y construir una relación sólida y duradera.

Eliminar la interferencia externa en su matrimonio

Amigos, familiares, el trabajo, e incluso los hijos, pueden interferir con su relación matrimonial. Algunas veces, las actividades externas son parcialmente culpables. ¿Cómo puede eliminar la interferencia destructiva del exterior de su relación?

El trabajo y las actividades externas

Si su cónyuge parece preferir pasar tiempo en el trabajo, o visitar sus amigos, ante pasar tiempo con usted, usted debe preguntarse por qué esto está ocurriendo. En algunos casos, un cónyuge infeliz evitará el ambiente del hogar tanto como le sea posible, porque no se están sintiendo satisfechos por su vida en el hogar. Es fácil culpar a su pareja por rechazarlo, pero hay alguna manera en la cual usted contribuye con el problema.

Si, por ejemplo, hay mucho conflicto en su relación, necesita enfrentar el hecho de que su rol en el conflicto está creando una incómoda vida en el hogar, y tomar los pasos apropiados para manejarlo. Algunas veces, hay ausencia de intereses compartidos. ¿Puede encontrar una manera de dirigir esto participando, o interesándose en las actividades e intereses favoritos de su cónyuge? Por supuesto, algunas personas solo son impulsadas por sus carreras. Discuta el asunto con su pareja (refiérase al capítulo sobre equilibrando el trabajo y las responsabilidades, para algunas ideas).

Amigos

Usted puede haber estado acostumbrado a compartir toda su información personal con sus amigos, pero su matrimonio es una relación íntima. Esto significa que hay algunas cosas que usted simplemente no debe discutir con sus amistades. Usted no puede ser un cónyuge fiel y amoroso, si está criticando a su pareja a su espalda. Algunas veces, incluso exageramos los problemas en nuestros matrimonios, para obtener la simpatía de los amigos. Esto es una traición a la confianza de su cónyuge.

Cree límites y no los cruce. Si están experimentando problemas en su matrimonio y quieren consejos, guarden su discusión para alguien que realmente pueda ayudarles a resolver sus asuntos, y que sea imparcial, y que los mantendrá en confidencialidad: un consejero matrimonial entrenado. Si sus amigos cruzan la línea y empiezan a criticar a su cónyuge, deténgalos. Su matrimonio es entre usted y su cónyuge. Demuestre a sus amigos que no tolerará la interferencia.

Hijos

Sus hijos necesitan cantidades de amor y atención, y usted no debe negárselos, pero no deben ser utilizados como una excusa para evitar o rechazar el tiempo a solas con su pareja. Si usted está haciendo esto, o su pareja parece estar utilizando las responsabilidades paternas para evitarlo, usted debe identificar los verdaderos problemas en su relación y enfrentarlos. Los hijos también necesitan normas. Disciplina como horas de dormir y momentos en los que no deben molestarlos a menos que sea una emergencia, pueden delegarse a los hijos mayores que sean capaces de entenderlas.

Suegros

Sus propios padres acostumbran compartir en su vida y aconsejarle, pero una vez que está casado, ellos no forman parte de la relación. No permita que sus padres critiquen a su cónyuge y no critique a su cónyuge con ellos. Maneje la situación en el mismo modo en que evitaría la posible interferencia de los amigos.

Uno de cada diez matrimonios termina a causa de la interferencia de los suegros. Mientras usted les puede decir a sus propios padres que le den espacio para resolver sus propios problemas maritales, esto puede ser difícil cuando se está tratando con los padres de su cónyuge. Esta situación se maneja mejor discutiéndola de forma calmada con su cónyuge, y solicitando su asistencia para limitar interferencia. Todos sabemos el lema de que nadie es lo suficientemente bueno para los hijos o hijas de los amorosos padres.

CAPÍTULO 4:

Reconectándose con su pareja

Reduciendo la tensión y el conflicto en las relaciones

Todas las parejas casadas experimentan períodos en los cuales hay tensiones, rabia, conflicto o asuntos sin resolver en sus relaciones. Aprender cómo reducir estas tensiones y seguir adelante con la relación es esencial para la dicha matrimonial. Muchas parejas estables encuentran que con el tiempo, automáticamente realizan ciertas acciones y comportamientos para reducir la tensión.

Expongan las tensiones, traten con ellas y déjenlas atrás

Identificar la fuente de tensión marital es esencial. Las tácticas de evasión solo sirven para agravar y aumentar las tensiones. Trabajando juntos, las parejas pueden reducir la tensión marital siendo francos acerca de los problemas que están causando tensión en la relación, encontrar estrategias mutuamente aceptables para enfrentarlas, y finalmente resolverlas. Sin embargo, este proceso puede ser complejo y puede necesitarse orientación.

'Consultarlo con la almohada'

Algunas veces, un buen descanso nocturno trae una nueva perspectiva. Lo que puede haber parecido vitalmente importante en el momento en que ocurrió, se volverá trivial cuando sea reconsiderado en calma. Muchos terapistas recomiendan que las parejas acuerden continuar las discusiones al siguiente día, y muchas parejas descubren que esta perspectiva los ayuda a resolver sus problemas más efectivamente.

Tomen un corto descanso

Cuando las discusiones se vuelven acaloradas e improductivas, tomar unos minutos para calmarse y reconectarse, puede salvar el día. Los consejeros reportan que un descanso tan corto como 30 segundos, permite a las parejas calmarse y recuperar la perspectiva.

Reconocer una falta

Los terapeutas matrimoniales y familiares reconocen la importancia de la disculpa y las expresiones de empatía. A pesar de que no siempre nos guste admitir nuestra contribución a un problema, ser honesto y reconocer los sentimientos de su pareja puede romper la tensión. Cuando nos encontramos a nosotros mismos siendo particularmente defensivos, debemos reconocer que estamos conscientes de nuestra contribución a un problema y debemos reconocerlo abiertamente.

Cariño y afecto

El amor es la base del matrimonio. Cuando nos enfrentamos a situaciones estresantes, a menudo olvidamos la importancia de reconectarnos a través del tacto. Abrazar y consolarse el uno al otro puede no resolver problemas prácticos, pero si le recuerda a las parejas su vínculo de afecto mutuo y libera las tensiones.

Tiempo de calidad

Las parejas ocupadas pueden descubrir que el único momento en que realmente hacen contacto, es cuando deben resolverse los problemas prácticos importantes. Apartar tiempo para el otro y la relación, es esencial para el mantenimiento y longevidad de los matrimonios. Al cultivar y mantener el entendimiento mutuo, y crear una atmósfera en la cual cada cónyuge se sienta cómodo relajándose y solo siendo sí mismos, la superación de los periodos de tensión o conflicto se hace más fácil.

Recordar las prioridades

En un matrimonio, existen tres prioridades: usted, su cónyuge y su matrimonio. Si las tensiones y discusiones no son conducentes al bienestar de alguno de estos tres elementos, no debe dárseles importancia o permitir que impacten negativamente la relación.

Rompiendo acuerdos

Las infidelidades, adicciones y el abuso, causan tensión severa en el matrimonio. Casi cualquier otro asunto puede ser resuelto mutuamente, pero si alguno de estos tres elementos está presente en una relación, es deber del cónyuge culpable de estos comportamientos, eliminarlos o enfrentar el riesgo de una ruptura permanente del matrimonio. En cualquiera de estas instancias, la ayuda profesional puede ser necesaria con el objeto de reducir las tensiones maritales, aún después de la eliminación del comportamiento.

Reconstruyendo el respeto mutuo

El respeto mutuo es la base para una fundación sólida, que mantiene su relación matrimonial sana, feliz y satisfactoria para ambos cónyuges. Esta no es sólo una opinión o una declaración de sentido común, ha sido comprobado a través de investigaciones. Sin importar cuáles problemas está atravesando su matrimonio, no serán resueltos si el respeto mutuo está ausente.

¿Qué es el respeto mutuo?

En términos prácticos, 'el respeto mutuo' se demuestra de las siguientes maneras:

- Ser considerado y cortés con su pareja matrimonial.
- Evitar comportamientos como apodos, insultos, sarcasmo y superioridad.
- Tomar en cuenta los valores, necesidades y opiniones de su pareja.
- Consultar a su pareja en situaciones de toma de decisiones – especialmente si afectarán la vida en el hogar.
- Tomar interés activo en las actividades e intereses de su pareja.
- Estar listo a ceder cuando usted y su pareja tengan puntos de vista divergentes.

El respeto es establecido a través del comportamiento respetuoso. Es una situación 'trata como deseas ser tratado'. El respeto se pierde cuando su pareja siente que no la están tratando con respeto o cuando rompe su confianza en usted.

Reconstruyendo el respeto mutuo en su relación

Desafortunadamente, tratarse el uno al otro con irrespeto, se vuelve un hábito para algunas parejas, y los hábitos pueden ser difíciles de romper. Algunas veces, hay tanto dolor y rabia resultado del irrespeto mutuo, que cada cónyuge se rehúsa a cambiar su comportamiento, a menos que el otro lo haga primero. Algunas veces, un cónyuge trata de cambiar su comportamiento y recibe un desaire del otro. Algunas cosas a recordar mientras se trabaja en la reconstrucción del respeto mutuo:

- No puede cambiar el comportamiento de su pareja, sólo puede trabajar en mejorar el suyo propio.

- Evite el peligro de utilizar un esfuerzo por reconstruir el respeto, como una excusa para criticar el comportamiento de su pareja.

El primer paso en la reconstrucción del respeto mutuo, puede ser muy difícil. Esto implica concentrarse en su trato a su pareja, en lugar de su trato hacia usted. Revisite los ejemplos anteriores de respeto mutuo. Si usted trata a su pareja de esa manera, las probabilidades de su reciprocidad son excelentes – pero puede tomar tiempo cuando las heridas son profundas. Una vez que el respeto mutuo ha sido restablecido, se hace más fácil tratar con otros problemas, tales como la manera en que las parejas enfrentan los problemas, las diferencias de opinión y abordar las diferencias personales.

Aprender a aceptar y apreciar las diferencias personales

'Los opuestos se atraen' es, a menudo, una perogrullada. Irónicamente, una vez que las parejas están en una relación larga, pueden invertir mucha energía tratando de 'cambiar' a su pareja para ser más como ellos, o ajustarse a una imagen de pareja 'ideal', que se han formado en sus cabezas. Aceptar y respetar sus diferencias personales, es importante para el éxito de su matrimonio. Su pareja puede ser diferente en personalidad, valores o aspiraciones. La tolerancia, aceptación, e incluso valoración de las maneras en que usted y su pareja difieren, son muy importantes para mantener el respeto en el matrimonio. Estas diferencias pueden fortalecerlos como pareja – si ustedes lo permiten.

La importancia de la diversión en el matrimonio– recuperando la magia

La mayoría de las rupturas matrimoniales son resultado de una pérdida de intimidad. Las parejas pueden decir que se han 'distanciado' debido a las exigencias de la vida diaria, y las responsabilidades de un hogar y una familia. Cuando las parejas están cortejando, pasan tiempo divirtiéndose juntos, pero una vez casados, se ven a diario y pueden pasar por alto la necesidad de invertir tiempo de calidad en la compañía del otro.

Divertirse construye relaciones

Solo pasar tiempo juntos no es suficiente para mantener a las parejas unidas. Las investigaciones han demostrado que las parejas que hacen juntos cosas inusuales o emocionantes, son más propensas a calificar su matrimonio como 'feliz' y, por ende, es menos probable que se divorcien.

La 'Noche de cita' ayuda a mantener juntas a las parejas

Todas las parejas experimentan presión por las exigencias de la vida diaria, y esto puede muy frecuentemente llevar al conflicto y estrés. Apartar tiempo para disfrutar una 'cita', lejos de las presiones y preocupaciones de la vida familiar, las parejas pueden pasar tiempo disfrutando la compañía uno del otro.

Las parejas pueden pasar tiempo de diversión en casa también, pero invariablemente, los niños y las responsabilidades domésticas intervienen. La mayoría de los expertos sugieren que las parejas intenten salir en una 'cita' que sea sólo para ellos dos, al menos una vez a la semana.

Las citas no tienen que ser costosas. Galerías de arte, picnics a la luz de la luna, o incluso, dar juntos un paseo placentero en el parque, son excelentes oportunidades para una cita con su cónyuge. Acuerden dejar todos los conflictos y preocupaciones atrás durante el momento especial que dedican a compartir diversión y placer. Habrá muchas oportunidades para tratar los asuntos serios en otro momento.

Divertirse un poco cada día

Compartir risas es una manera maravillosa de construir intimidad. Ver el lado divertidos de las cosas y compartir risas con su cónyuge. Alguno de sus hijos dijo algo lindo o gracioso hoy? Hubo alguna historia divertida en las noticias? Compartan sus risas y acérquense como pareja.

Jugar es también para adultos. Únanse en un juego de mesa o compitan en un juego de video en línea. Vaya a los bolos con su pareja o intente una ronda de mini-golf. Lance un disco en el jardín o vayan a nadar juntos. No dejen que su relación se vuelva solo trabajo y nada de juego.

Compartan una actividad de esparcimiento que ambos disfruten, o tomen clases juntos. Únanse a un club de teatro amateur o tomen clases de artesanía – cualquier oportunidad de diversión, es una oportunidad de construir su relación.

Sean mejores amigos

Los investigadores han descubierto que los hombres felizmente casados, a menudo se refieren a sus esposas como su 'mejor amiga'. Un estudio encontró que los hombres ven las actividades compartidas como la raíz de su 'amistad' con sus esposas. Las mujeres eran más propensas a ver la conversación íntima como la base de una relación sólida. Combinando ambas – compartir actividades y conversación íntima – las parejas pueden construir una relación más sólida, con mayores probabilidades de resistir las presiones y conflictos inevitables que surgen en el matrimonio.

Compartan metas y su visión para el futuro

Cuando ustedes se casaron, tenían una visión para su futuro, pero a medida que pasa el tiempo, sus metas y visión pueden no ser las mismas de ese entonces. Incluso pueden tener metas, sueños y planes futuros completamente diferentes. Esto puede ser una fuente de conflicto en el peor escenario, en el mejor evitará que se apoyen completamente entre sí. Una vez más, es momento de sentarse y conversar.

Compartir su visión les ayuda a alcanzar sus metas

Para que un matrimonio tenga éxito, el trabajo en equipo es esencial, pero ninguna pareja puede trabajar efectivamente como un equipo si están ambos luchando por metas distintas. Es como tener su propio negocio. Cada miembro del equipo necesita saber qué metas están persiguiendo y cuál es la estrategia para el futuro. Sin este conocimiento, los esfuerzos son improductivos y desorganizados. Pero cuando las metas y visiones para el futuro se comparten, y cada persona sabe cuál es su contribución para el plan maestro, cosas maravillosas pueden suceder. Ustedes logran sinergia, un estado en el cual sus esfuerzos combinados superan lo que hubiese podido lograrse trabajando en solitario.

Discutan su visión y metas, y estén listos para ceder

Ninguna pareja debe esperar que su cónyuge asuma completamente su visión del futuro. Eso sería lo mismo que esperar que vivan su vida por usted. La palabra clave a recordar es 'compartir'. Si ambos no se sienten entusiasmados con los planes futuros, la lucha por conseguirlos estará llena de conflictos.

Esto no significa que usted debe, necesariamente, renunciar a su visión de futuro, pero usted puede tener que alterarla ligeramente para ajustarla a los sueños y ambiciones de su pareja. Reúnanse para hacer idear su camino.

Recopilen sus ideas para su futuro juntos

¿En dónde les gustaría estar como pareja en un período de cinco años? ¿En diez años? ¿Cuándo se retiren? Para empezar, solo recolecten todas las ideas. Tal vez no logren hacer todo en la lista, pero es un buen punto de inicio para determinar sus estrategias futuras y evaluar cómo las ideas de ambos pueden ser incorporadas a su plan maestro para el futuro. Una vez que tengan la lista completa, pueden priorizar y clasificar los elementos que han recolectado. ¿Qué es lo más importante? ¿Se relacionan entre sí algunas metas y planes?

Diseñen una visión que ambos amen

¿Qué usted y su pareja perciben como un estilo de vida ideal? Utilicen sus ideas compartidas para diseñar una visión de lo que a ambos les entusiasma y emociona. No se preocupen aún por cómo lo van a lograr. Ese es el siguiente paso en el proceso.

¿Qué hitos tendrán que alcanzar para lograr su visión?

En cualquier largo viaje, hay hitos en el camino. Estos ayudan a hacer seguimiento y determinar si aún están en la ruta correcta y haciendo un buen progreso. Decidan juntos en qué debe consistir su viaje hacia su visión. Por ejemplo, si les gustaría alcanzar la independencia financiera, deberían empezar por pagar su hipoteca. ¿Cuándo pueden realísticamente esperar que esto suceda? ¿Puede ser acelerado? ¿Qué sacrificios deberían usted y su pareja hacer y están dispuestos a hacerlos?

Fijen y hagan seguimiento a su línea de tiempo

Revisen sus metas mutuas regularmente y no olviden celebrar los logros. Se sorprenderán por cuánto pueden lograr juntos, cuando trabajan hacia una meta en común.

Redescubriendo la intimidad

Cuando ustedes empezaron como pareja, el sexo era absolutamente maravilloso, pero luego sucedió la vida. Su tiempo se llenó con compromisos de trabajo, niños y quehaceres domésticos. La intimidad empezó a disminuir y la cama se convirtió en un lugar sólo para dormir. ¿Puede reavivar la magia? Los expertos dicen que si – si ambos se comprometen a eso.

Hagan un compromiso con el otro

Antes de que puedan esperar que esto funcione, deben aliviar las tensiones, las discusiones y las emociones negativas. Reconozcan su amor por el otro y comprométanse a reavivar la intimidad en su relación.

Tomen diez minutos al día

Aparten un momento especial en el que usted y su pareja discutirán su progreso juntos. Usted puede encontrar que está nervioso por esto al principio – pero usted está hablando a su pareja de vida – así que este tema es de importancia para ambos. Discutan cualquier obstáculo al sexo saludable. ¿Están ambos agotados? ¿Sus hijos les dan suficiente privacidad? Busquen soluciones a los obstáculos que los están separando.

Reviva algunos de sus momentos más mágicos con su pareja. Qué hizo él o ella que usted pensó que era absolutamente sorprendente? Hablar de sexo en una situación asexual, le da a usted y su pareja una excelente oportunidad de explorar las necesidades y deseos del otro. Usted debe poder hacer esto sin sentirse avergonzado.

Ustedes pueden incluso compartir sus fantasías. Tal vez no deseen vivirlas – todos tenemos fantasías sobre cosas que nunca haríamos – pero puede descubrir que discutir sus fantasías sexuales juntos, les da ideas frescas y los acerca como pareja.

Reaviven el romance

¿Cuáles fueron las pequeñas cosas especiales que solían hacer el uno por el otro, que han quedado a medio camino? Tal vez solían intercambiar pequeños regalos, o darse un masaje el uno al otro. Al tratar a su pareja como un amante, usted puede reavivar el romane y, con esto, recomenzar su vida sexual.

Descansen de las responsabilidades del día a día, y comprométanse a una noche de cita regular, en la que sólo se diviertan juntos. Y si pueden, consideren tomar una segunda luna de miel, mientras que sus padres, familiares o amigos de confianza cuidan a sus hijos. Consideren enviar a los niños a un campamento durante las vacaciones escolares y tomar una escapada romántica juntos en ese tiempo. Un cambio de escena y un amiente romántico, pueden ser justo lo que necesita para que las cosas progresen.

Compartir actividades ayuda

Mientras más actividades compartan, más reavivarán la cercanía y la conexión emocional – y estas dos piedras fundacionales, pueden ayudarle a reconstruir su relación, trayendo naturalmente de regreso a su matrimonio el amor, afecto e intimidad sexual.

Construyendo amor duradero en el matrimonio

En algún momento de su vida, habrá visto a las parejas más viejas que se miran entre sí, como amantes encandilados. ¿Pueden ustedes lograr ese amor duradero en su matrimonio? ¿Cuál es su secreto?

El compromiso con el 'para siempre'

Solo repetir los votos no los hace 'reales' para usted. Decida con su cónyuge que el divorcio nunca será una opción. Juntos, superarán cualquier cosa que la vida les envíe. Cada conversación, cada decisión y su actitud personal para con su relación, debe basarse en este principio. Ustedes dos permanecerán juntos no importa lo que tome. Esté consciente de que las relaciones requieren trabajo, y esté comprometido lo suficiente con su matrimonio, para prepararse a hacer el esfuerzo. Solo sentarse y esperar a que su pareja 'lo haga feliz', no lo va a llevar a ningún lado. Ambos tendrán que trabajar en su relación y seguir trabajando aún cuando el seguir, se vuelva duro.

Su cónyuge es la persona más importante en su vida

Poner a su cónyuge de primero, significa ponerse a un lado usted mismo. Como dice el viejo cliché, "No hay 'Yo' en' equipo'." Si ambos resuelven poner al otro primero, a ninguno de ustedes les faltará el amor, apoyo y consideración. Lo emocionante de asumir este enfoque, es que sigue creciendo – mientras más des a tu cónyuge, más recibirás a cambio. Si se encuentra a sí mismo haciendo algo por egoísmo u orgullo (después de todo, solo somos humanos) discúlpese sinceramente y empiece de nuevo. Recuerden todas las cosas que aman del otro y mantengan el respeto. Tener 'faltas' y 'debilidades', es parte de ser humano. Manténganse concentrados en lo positivo que los unió en primer lugar. Cada día es un nuevo día en el cual puede aprender más acerca del otro y crecer en su relación.

Sean honestos entre sí

Compartir juntos su vida significa que tendrán que compartir momentos tanto buenos como malos. Esto también significa confesar cuando hizo algo incorrecto, o cuando sienta que su pareja lo ha herido de laguna manera. No deben existir secretos entre ustedes. No deje que los resentimientos se enconen. Hablen acerca de ellos constructiva y racionalmente, y recuerden que escuchar es tan importante como hablar. Siempre hay dos lados en cada historia, y la opinión de su pareja debe ser tan importante como la suya. Puede que no siempre estén de acuerdo, pero no deben permitir que eso arruine su relación. Si se encuentran en un impase, consideren consultar un consejero que los guíe a través de sus diferencias.

Pasen juntos tiempo de calidad

Sus mejores momentos deben ser los momentos en que comparten con su pareja de vida. Trabajen juntos para crear momentos especiales, recuerdos especiales y momentos que sean sólo para ustedes dos. Mantengan la magia viva en su relación, saliendo de la rutina y simplemente disfrutando de la compañía del otro. Recuerden: su matrimonio no se trata de su trabajo, pagar las cuentas planificar las comidas y los quehaceres del hogar para la semana, o incluso sus hijos. Su relación se trata de usted y su pareja. Creen muchas oportunidades para interacciones positivas y descubran que el amor puede crecer y madurar con el paso de los años.

CAPÍTULO 5:

Pensamientos Adicionales acerca del Matrimonio

El matrimonio es una obra en construcción. A medida que crecemos en la vida, nuestras perspectivas cambian y también nuestras necesidades. Esto cambia quiénes somos y qué necesitamos.

Crecer juntos como una pareja hace este proceso más fácil y mucho más divertido. Crear metas comunes y alcanzarlas, les ayudará a permanecer felices juntos a través de los años, y notarán que ambos van en la misma dirección. Disfruten el viaje y disfruten el uno del otro.

La vida es muy corta para dejar a alguien especial irse de su lado. Sea persistente y no renuncie a quien más le importa.

www.ingramcontent.com/pod-product-compliance
Lightning Source LLC
Chambersburg PA
CBHW052123070526
44586CB00016B/2059